בית ספר - la escuela   2
נסיעה - el viaje   5
תחבורה - el transporte   8
עיר - la ciudad   10
נוף - el paisaje   14
מסעדה - el restaurante   17
סופרמרקט - el supermercado   20
שתיות - las bebidas   22
אוכל - la comida   23
חווה - la granja   27
בית - la casa   31
סלון - la sala   33
מטבח - la cocina   35
חדר אמבטיה - el cuarto de baño   38
חדר ילדים - la habitación de los niños   42
בגדים - la ropa   44
משרד - la oficina   49
כלכלה - la economía   51
מקצועות - los oficios   53
כלי עבודה - las herramientas   56
כלי נגינה - los instrumentos musicales   57
גן חיות - el zoo   59
ספורט - los deportes   62
פעילויות - las actividades   63
משפחה - la familia   67
גוף - el cuerpo   68
בית חולים - el hospital   72
חירום - la urgencia   76
כדור הארץ - la tierra   77
שעון - hora(s)   79
שבוע - la semana   80
שנה - el año   81
צורות - las formas   83
צבעים - colores   84
הפכים - los opuestos   85
מספרים - los números   88
שפות - los idiomas   90
מי / מה / איך - quién / qué / cómo   91
איפה - dónde   92

Impressum
Verlag: BABADADA GmbH, Nedderfeld 112 , 22529 Hamburg
Geschäftsführer / Verlagsleitung: Harald Hof
Druck: Books on Demand GmbH, In de Tarpen 42, 22848 Norderstedt

Imprint
Publisher: BABADADA GmbH, Nedderfeld 112 , 22529 Hamburg, Germany
Managing Director / Publishing direction: Harald Hof
Print: Books on Demand GmbH, In de Tarpen 42, 22848 Norderstedt

בית ספר
la escuela

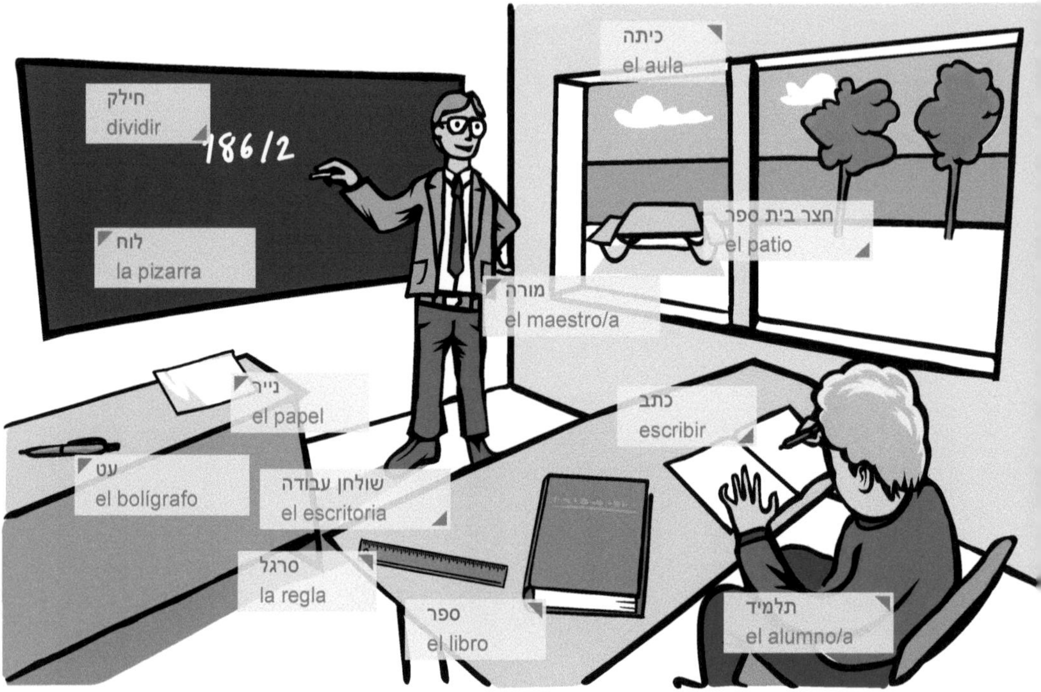

כיתה
el aula
חילק
dividir
186/2
חצר בית ספר
el patio
לוח
la pizarra
מורה
el maestro/a
נייר
el papel
כתב
escribir
עט
el bolígrafo
שולחן עבודה
el escritoria
סרגל
la regla
ספר
el libro
תלמיד
el alumno/a

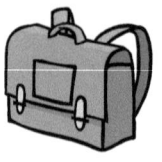

ילקוט

la cartera

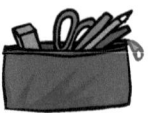

קלמר

la caja de lápices

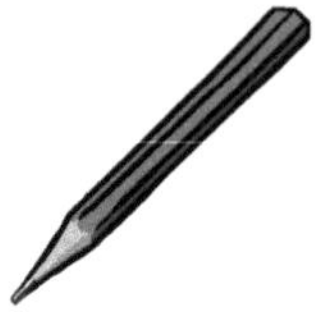

עיפרון

el lápiz

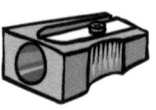

מחדד

el sacapuntas

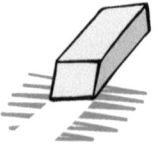

גומי מחיקה

la goma de borrar

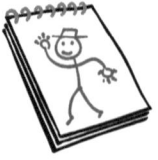

חוברת סרטוט

el cuaderno de dibujo

סרטוט

el dibujo

מברשת

el pincel

קופסת צבעים

la caja de pinturas

מספריים

las tijeras

דבק

el pegamento

ספר תרגול

el cuaderno de ejercicios

שיעור בית

los deberes

מספר

el número

חיבר

sumar

חיסר

restar

הכפיל

multiplicar

חישב

calcular

אות

la letra

אלפבית

el alfabeto

מילה

la palabra

טקסט

el texto

קרא

leer

גיר

la tiza

שיעור

la lección

יומן נוכחות

el cuaderno de notas

מבחן

el examen

תעודה

el certificado

תלבושת בית ספר

el uniforme

חינוך

la educación

אנציקלופדיה

la enciclopedia

אוניברסיטה

la universidad

מיקרוסקופ

el microscopio

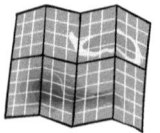

מפה

el mapa

סל נייר

la papelera

נסיעה
el viaje

מלון
el hotel
Grand
הוסטל
el albergue
ROOMS
EXCHANGE
המרת מטבע
a oficina de cambio de divisas
מזוודה
la maleta
אוטו
el coche

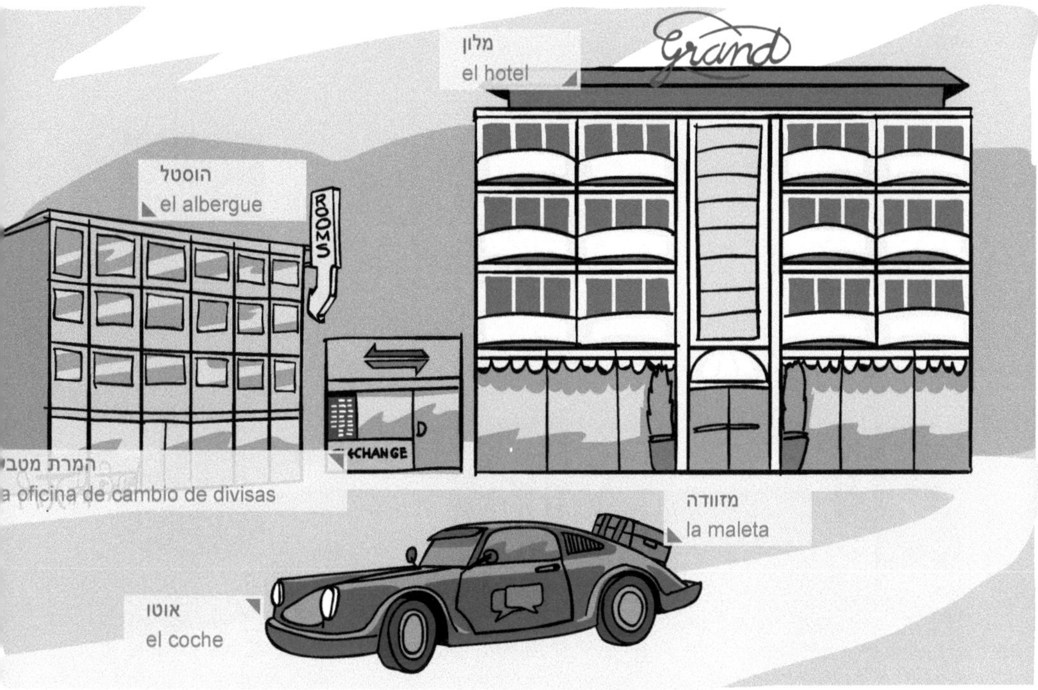

שפה

el idioma

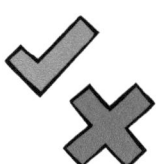

כן / לא

sí / no

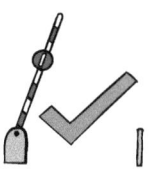

בסדר

Vale

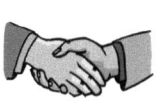

שלום

hola

מתרגם

el traductor

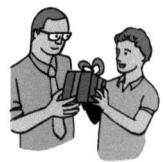

תודה

Gracias

כמה עולה ....?

¿cuánto es…?

אני לא מבין

No entiendo

בעיה

el problema

ערב טוב!

¡Buenas tardes!

בוקר טוב!

¡Buenos días!

לילה טוב!

¡Buenas noches!

להתראות

adiós

כיוון

la dirección

כבודה

el equipaje

תיק

la bolsa

תרמיל גב

la mochila

אורח

el invitado

חדר

la habitación

שק שינה

el saco de dormir

אוהל

la tienda de campaña

מרכז מידע לתיירים

la información turística

חוף ים

la playa

כרטיס אשראי

la tarjeta de crédito

ארוחת בוקר

el desayuno

ארוחת צהריים

el almuerzo

ארוחת ערב

la cena

כרטיס

el billete

מעלית

el ascensor

בול

el sello

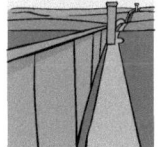

גבול

la frontera

מכס

la aduana

שגרירות

la embajada

אשרה

la visa

דרכון

el pasaporte

תחבורה
el transporte

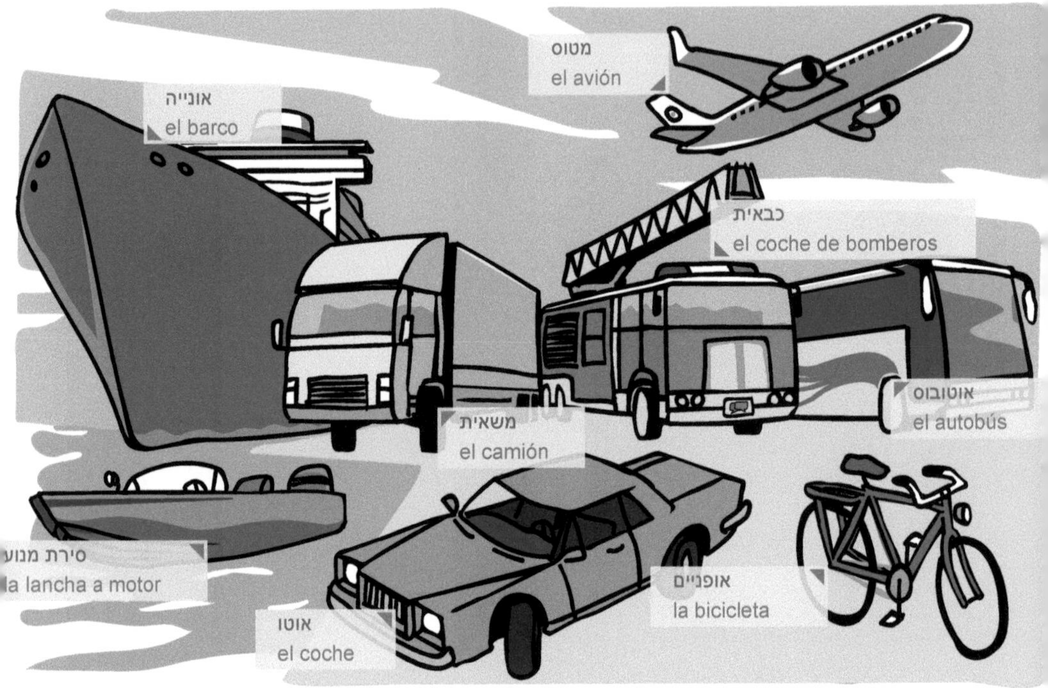
מטוס
el avión
אונייה
el barco
כבאית
el coche de bomberos
אוטובוס
el autobús
משאית
el camión
סירת מנוע
la lancha a motor
אופניים
la bicicleta
אוטו
el coche

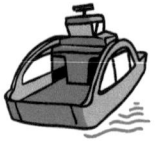

מעבורת
el transbordador

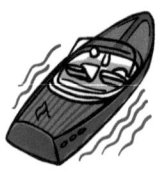

סירה
la barca

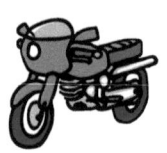

אופנוע
la moto

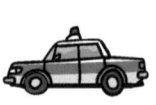

ניידת משטרה
el coche de policía

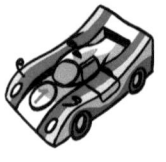

מכונית מרוץ
el coche de carreras

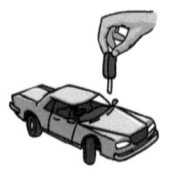

רכב שכור
el coche de alquiler

מכוניות בשיתוף

el préstamo de vehículos

אוטו גרר

la grúa

משאית זבל

el camión de la basura

מנוע

el motor

דלק

la gasolina

תחנת דלק

la gasolinera

תמרור

la señal de tráfico

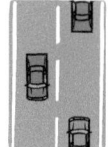

תנועה

el tráfico

פקק תנועה

el atasco

חניה

el aparcamiento

תחנת רכבת

la estación de tren

פסי רכבת

las vías

רכבת

el tren

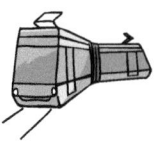

רכבת קלה

el tranvía

קרון

el vagón

מסוק

el helicóptero

שדה-תעופה

el aeropuerto

מגדל

la torre

נוסע

el pasajero

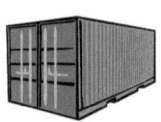

קונטיינר

el contenedor

קרטון

la caja de cartón

עגלה

la carretilla

סל

la cesta

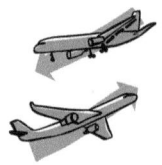

המראה / נחיתה

despegar / aterrizar

עיר

la ciudad

כפר

el pueblo

מרכז העיר

el centro de la ciudad

בית

la casa

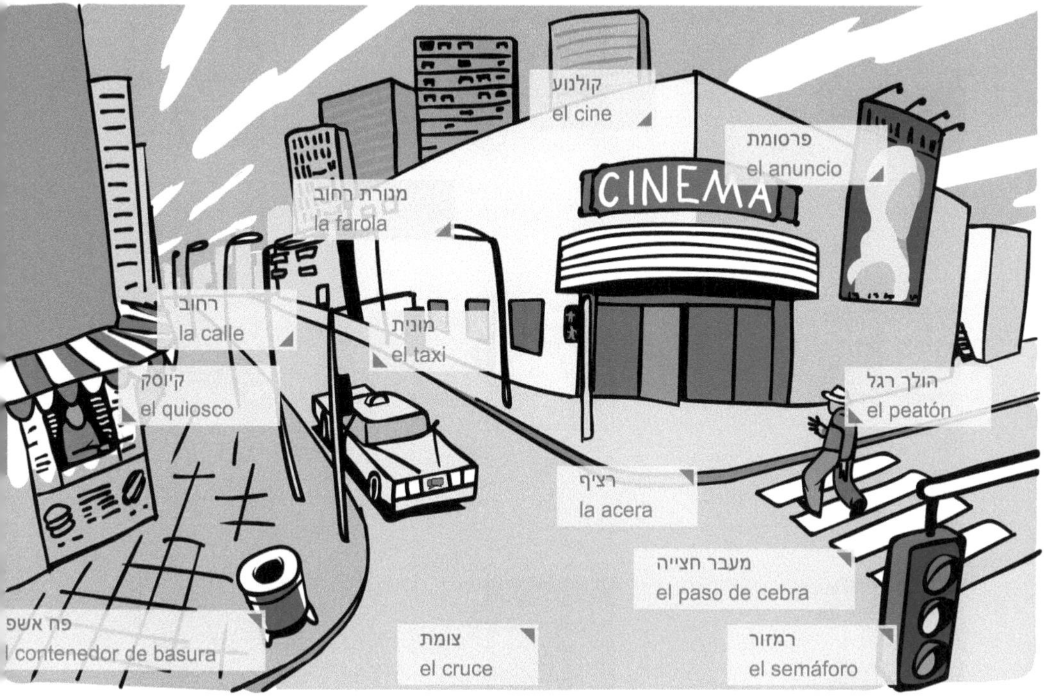
CINEMA
קולנוע
el cine
פרסומת
el anuncio
מנורת רחוב
la farola
רחוב
la calle
מונית
el taxi
קיוסק
el quiosco
הולך רגל
el peatón
רציף
la acera
מעבר חצייה
el paso de cebra
פח אשפ
l contenedor de basura
צומת
el cruce
רמזור
el semáforo

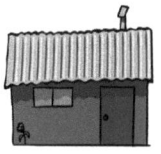

בקתה

la cabaña

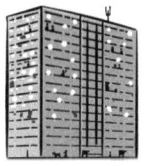

דירה

el apartamento

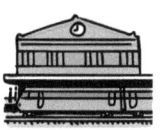

תחנת רכבת

la estación de tren

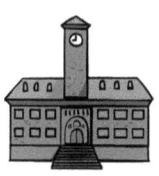

עירייה

el ayuntamiento

MUSEUM

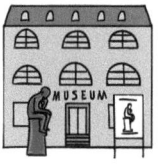

מוזיאון

el museo

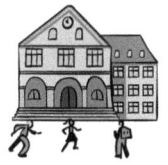

בית ספר

la escuela

אוניברסיטה

la universidad

בנק

el banco

בית חולים

el hospital

מלון

el hotel

בית מרקחת

la farmacia

משרד

la oficina

חנות ספרים

la librería

חנות

la tienda de campaña

חנות פרחים

la floristería

סופרמרקט

el supermercado

שוק

el mercado

כל-בו

los grandes almacenes

מוכר דגים

la pescadería

קניון

el centro comercial

נמל

el puerto

פארק

el parque

ספסל

el banco

גשר

el puente

מדרגות

las escaleras

רכבת תחתית

el metro

מנהרה

el túnel

תחנת אוטובוס

la parada de autobús

בר

el bar

מסעדה

el restaurante

תא דואר

el buzón

שלט רחוב

el poste indicador

מדחן

el parquímetro

גן חיות

el zoo

בריכת שחיה

la piscina

מסגד

la mezquita

חווה
la granja

זיהום
la contaminación

בית עלמין
el cementerio

כנסייה
la iglesia

מגרש משחקים
el patio de juego

בית מקדש
el templo

נוף
el paisaje

עלה
la hoja

תמרור
la señal

דרך
el camino

מרעה
el prado

אבן
la piedra

עץ
el árbol

מטייל
el excursionista

נהר
el río

דשא
la hierba

פרח
la flor

בקעה

el valle

הר

la colina

אגם

el lago

יער

el bosque

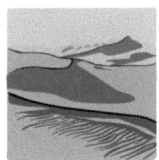

מדבר

el desierto

הר געש

el volcán

טירה

el castillo

קשת בענן

el arcoíris

פטריה

el champiñón

דקל

la palmera

יתוש

el mosquito

זבוב

la mosca

נמלה

la hormiga

דבורה

la abeja

עכביש

la araña

חיפושית

el escarabajo

צפרדע

la rana

סנאי

la ardilla

קיפוד

el erizo

ארנב

la liebre

ינשוף

la lechuza

ציפור

el pájaro

ברבור

el cisne

חזיר בר

el jabalí

צבי

el ciervo

אייל הקורא

el alce

סכר

la presa

טורבינת רוח

la turbina eólica

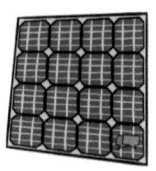

פנל סולארי

el panel solar

אקלים

el clima

מסעדה
el restaurante

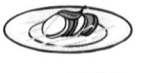

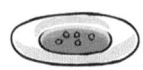

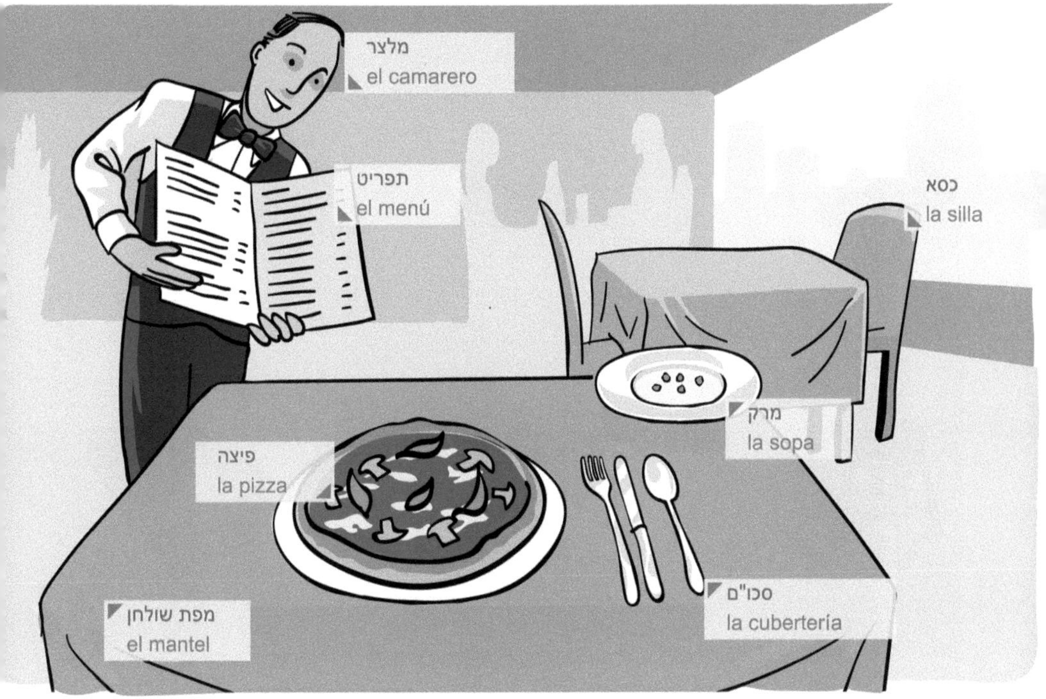

מלצר
el camarero
תפריט
el menú
כסא
la silla
מרק
la sopa
פיצה
la pizza
סכו"ם
la cubertería
מפת שולחן
el mantel

מנת פתיחה

el primer plato

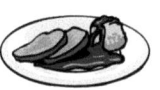

מנה עיקרית

el plato principal

קינוח

el postre

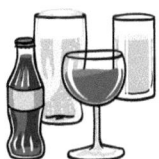

שתיות

las bebidas

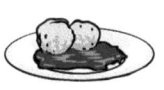

אוכל

la comida

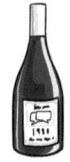

בקבוק

la botella

מזון מהיר

la comida rápida

אוכל רחוב

la comida callejera

קנקן תה

la tetera

מסכרת

el azucarero

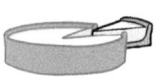

מנה

la porción

מכונת אספרסו

la cafetera expreso

כסא תינוק

la trona

חשבון

la cuenta

מגש

la bandeja

סכין

el cuchillo

מזלג

el tenedor

כף

la cuchara

כפית

la cucharilla

מפית

la servilleta

כוס

el vaso

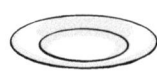

צלחת

el plato

קערת מרק

el plato hondo

תחתית

el platillo

רוטב

la salsa

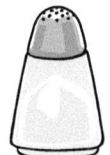

מלחייה

el salero

מטחנת פלפל

el molinillo de pimienta

חומץ

el vinagre

שמן

el aceite

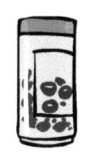

תבלינים

las especias

קטשופ

el ketchup

חרדל

la mostaza

מיונז

la mayonesa

סופרמרקט

el supermercado

מבצע
la oferta especial
FOR
לקוח
el cliente
מוצרי חלב
los lácteos
פירות
la fruta
עגלת קניות
el carro de compra

BUTCHERS

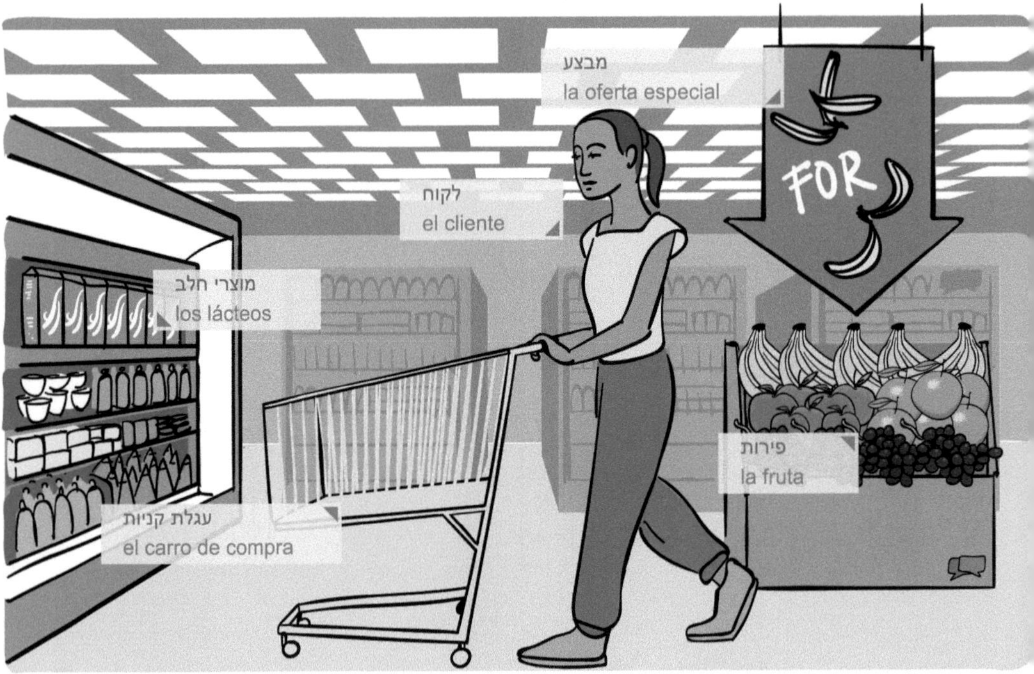

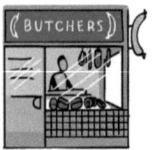

אטליז

la carniceria

BAKERY

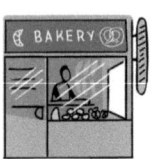

מאפייה

la panadería

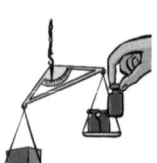

שקל

pesar

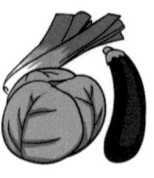

ירקות

las verduras

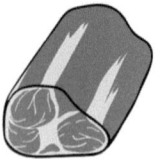

בשר

la carne

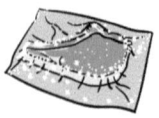

מזון קפוא

los alimentos congelados

בשר קר

los fiambres

שימורים

las conservas

אבקת כביסה

el detergente en polvo

ממתקים

los dulces

מוצרי בית

productos de uso doméstico

חומר ניקוי

productos de limpieza

מוכרת

la vendedora

קופה

la caja de cartón

קופאי

el cajero

רשימת קניות

la lista de la compra

שעות פתיחה

el horario de atención al público

ארנק

la cartera

כרטיס אשראי

la tarjeta de crédito

תיק

la bolsa de plástico

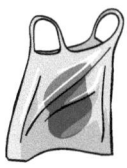

שקית ניילון

la bolsa de plástico

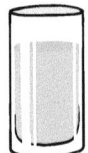

מים
el agua

מיץ
el zumo

חלב
la leche

קולה
la cola

יין
el vino

בירה
la cerveza

אלכוהול
el alcohol

קקאו
el cacao

תה
el té

קפה
el café

אספרסו
el expreso

קפוצ'ינו
el capuchino

בננה

el plátano

תפוח

la manzana

תפוז

la naranja

אבטיח

el melón

לימון

el limón

גזר

la zanahoria

שום

el ajo

במבוק

el bambú

בצל

la cebolla

פטריות

el champiñón

אגוזים

las avellanas

אטריות

los fideos

ספגטי

las espagueti

אורז

el arroz

סלט

la ensalada

צ'יפס

las patatas fritas

צ'יפס

las patatas fritas

פיצה

la pizza

המבורגר

la hamburguesa

כריך

el sándwich

שניצל

el filete

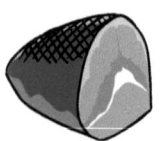

שינקין

el jamón

סלאמי

le salami

נקניקיה

la salchicha

עוף

el pollo

טיגון

el asado

דג

el pescado

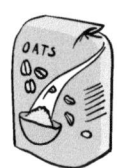

שיבולת שועל

los copos de avena

מוזלי

el muesli

קורנפלקס

los copos de maíz

קמח

la harina

קרואסון

el cruasán

לחמנייה

el panecillo

לחם

el pan

טוסט

la tostada

עוגיות

las galletas

חמאה

la mantequilla

גבינה לבנה

la cuajada

עוגה

el pastel

ביצה

el huevo

ביצת עין

el huevo frito

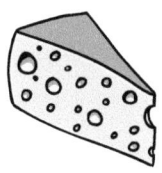

גבינה

el queso

גלידה

el helado

סוכר

el azúcar

דבש

la miel

ריבה

la mermelada

ממרח נוגט

la crema de turrón

קארי

el curry

חווה
la granja

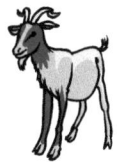

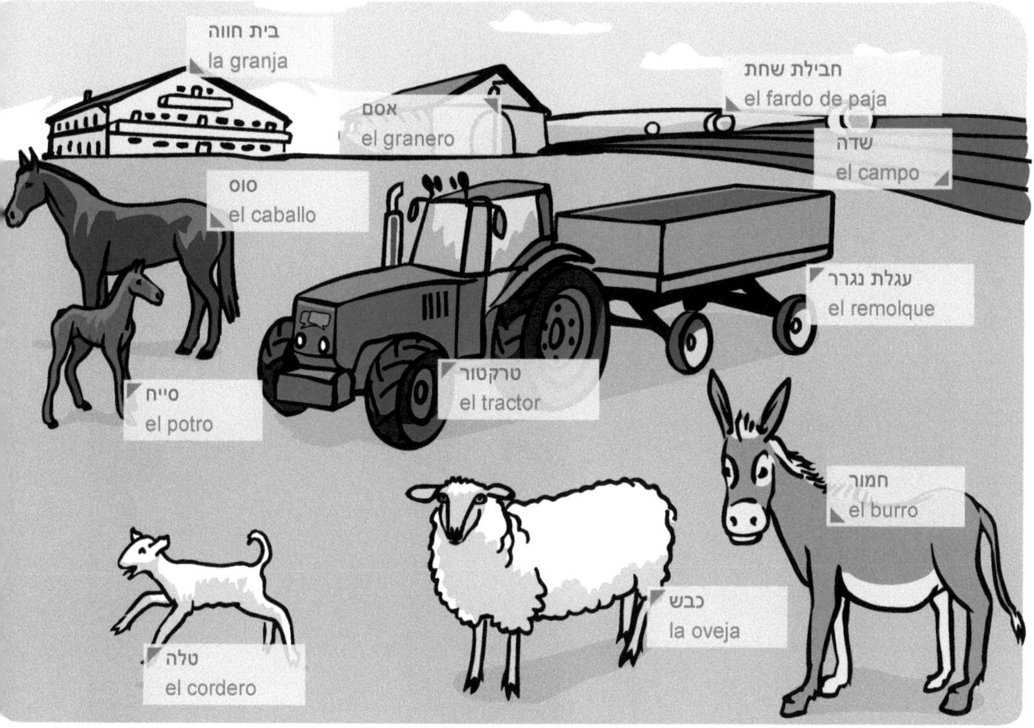

בית חווה
la granja
אסם
el granero
חבילת שחת
el fardo de paja
שדה
el campo
סוס
el caballo
עגלת נגרר
el remolque
טרקטור
el tractor
סייח
el potro
חמור
el burro
כבש
la oveja
טלה
el cordero

עז

la cabra

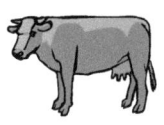

פרה

la vaca

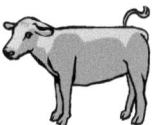

עגל

el ternero

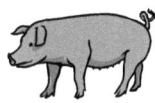

חזיר

el cerdo

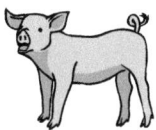

חזרזיר

el cerdito

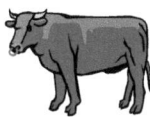

שור

el toro

אווז

el ganso

ברווז

el pato

אפרוח

el pollo

תרנגולת

la gallina

תרנגול

el gallo

חולדה

la rata

חתול

el gato

עכבר

el ratón

שור

el buey

כלב

el perro

מלונה

la perrera

צינור השקיה

la manguera

קנקן מים

la regadera

חרמש

la guadaña

מחרשה

el arado

מגל

la hoz

מגרפה

la azada

קלשון

la horca

גרזן

el hacha

מריצה

la carretilla

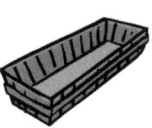

שוקת

el abrevadero

כד חלב

la lechera

שק

el saco

גדר

la valla

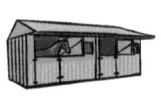

אורווה

el establo

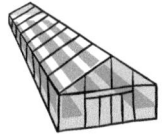

חממה

el invernadero

אדמה

el suelo

זרע

la semilla

דשן

el fertilizador

מקצרה

la cosechadora

קצר

cosechar

קציר

la cosecha

בטטה אפריקנית

el ñame

חיטה

el trigo

סויה

el soja

תפוח אדמה

la patata

תירס

el maíz

קנולה

la semilla de colza

עץ פירות

el árbol frutal

קסבה

la mandioca

דגנים

las cereales

בית
la casa

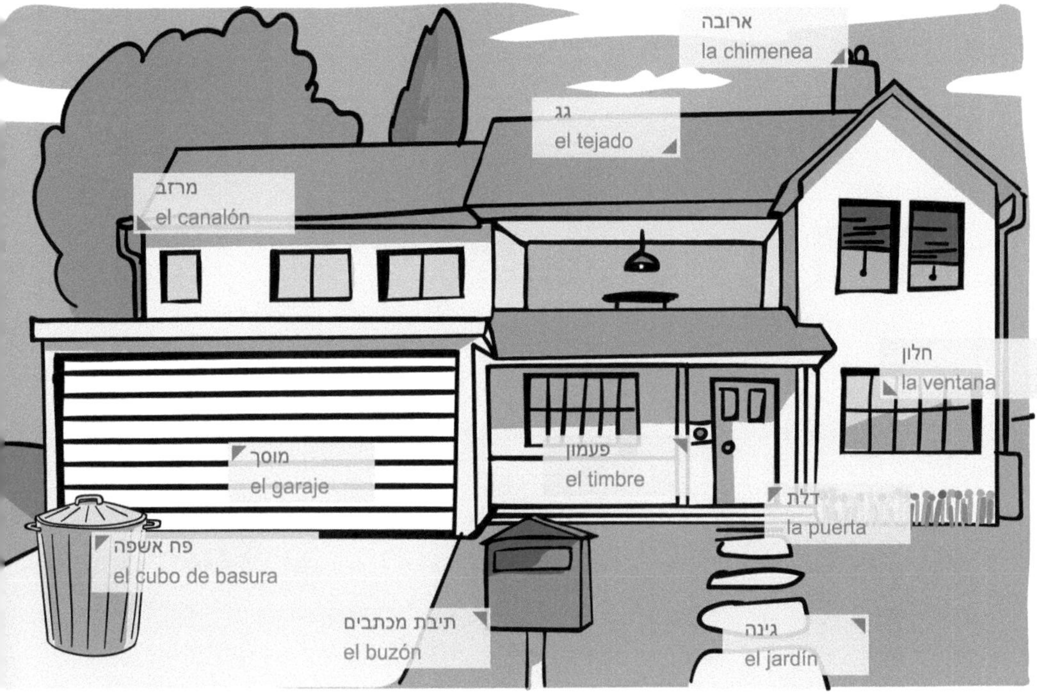

ארובה
la chimenea
גג
el tejado
מרזב
el canalón
חלון
la ventana
מוסך
el garaje
פעמון
el timbre
דלת
la puerta
פח אשפה
el cubo de basura
תיבת מכתבים
el buzón
גינה
el jardín

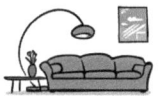

סלון

la sala

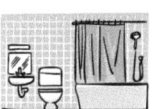

חדר אמבטיה

el cuarto de baño

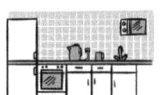

מטבח

la cocina

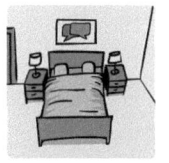

חדר שינה

el dormitorio

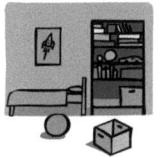

חדר ילדים

la habitación de los niños

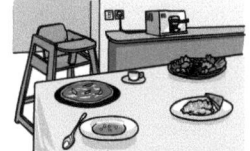

חדר אוכל

el comedor

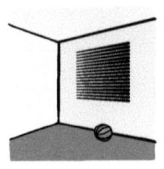

רצפה

el suelo

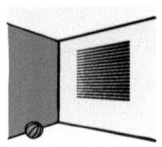

קיר

la pared

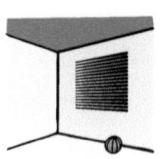

תקרה

el techo

מרתף

el sótano

סאונה

la sauna

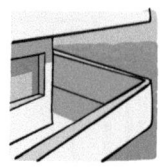

מרפסת

el balcón

מרפסת

la terraza

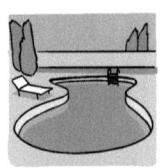

בריכה

la piscina

מכסחת דשא

el cortacésped

סדין

la sábana

כיסוי מיטה

la colcha

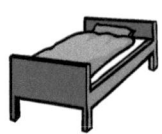

מיטה

la cama

מטאטא

la escoba

דלי

el balde

מפסק

el interruptor

סלון
la sala

טפט
el papel pintado
תמונה
la imagen
מנורה
la lámpara
מדף
el estante
ארון
el armario
טלוויזיה
la televisión
אח
la chimenea
פרח
la flor
כרית
el cojín
ספה
el sofá
אגרטל
el jarrón
שלט רחוק
el mando a distancia

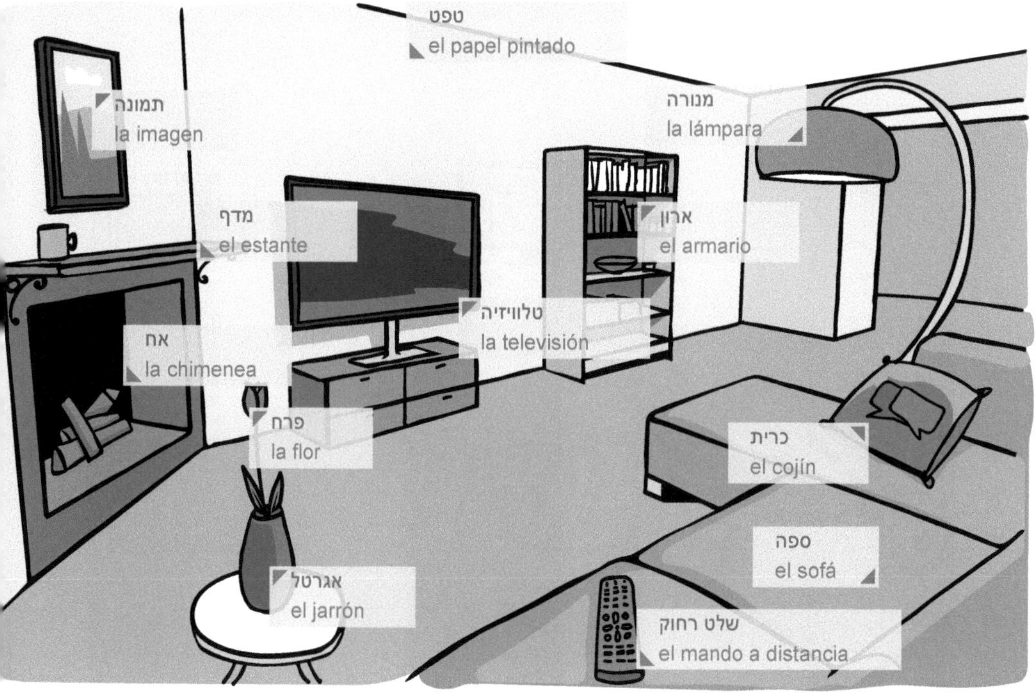

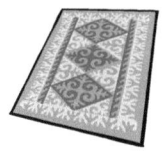

שטיח
....
la alfombra

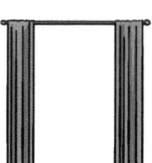

וילון
....
la cortina

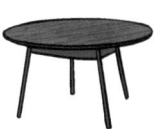

שולחן
....
la mesa

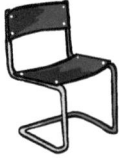

כסא
....
la silla

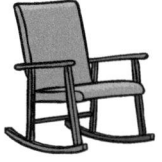

כיסא נדנדה
....
el mecedora

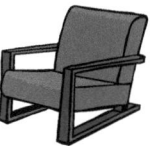

כורסה
....
la butaca

ספר

el libro

שמיכה

la manta

דקורציה

la decoración

עצי הסקה

la leña

סרט

la película

מערכת סטריאו

el equipo de música

מפתח

la llave

עיתון

el periódico

ציור

la pintura

פוסטר

el póster

רדיו

la radio

מחברת

el cuaderno

שואב אבק

la aspiradora

קקטוס

el cactus

נר

la vela

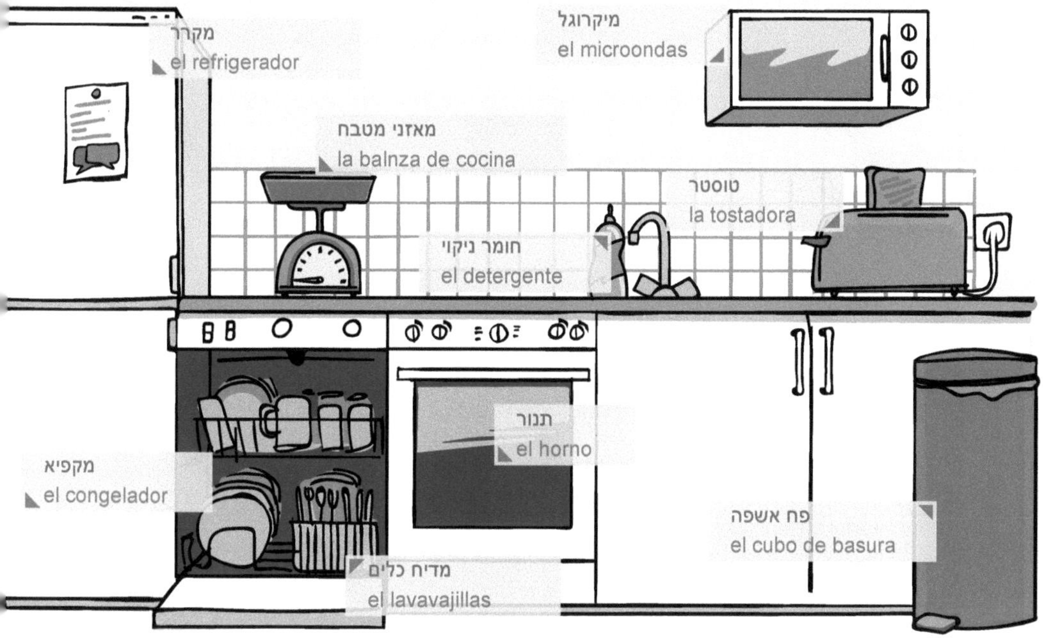

מקרר
el refrigerador

מיקרוגל
el microondas

מאזני מטבח
la balnza de cocina

טוסטר
la tostadora

חומר ניקוי
el detergente

מקפיא
el congelador

תנור
el horno

פח אשפה
el cubo de basura

מדיח כלים
el lavavajillas

תנור
la olla a presión

סיר
la olla

סיר ברזל
la olla de hierro fundido

ווק
el wok

מחבת
la cazuela

קומקום חשמלי
el hervidor

מאדה

la vaporera

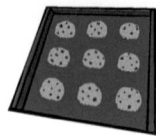

מגש אפייה

la chapa de horno

כלי אוכל

la vajilla

ספל

la taza

קערה

el tazón

צ'ופסטיקס

los palillos

מצקת

el cucharón

מרית

la espumadera

מטרפה

el batidor

מסננת בישול

el colador

מסננת

el cedazo

מגרדת

el rallador

מכתש

el mortero

גריל

la barbacoa

מדורה

la hoguera

קרש חיתוך

la tabla de picar

מערוך

el rodillo

פותחן פקקים

el sacacorchos

פחית

la lata

פותחן קופסאות

el abrelatas

מטלית

el agarrador

כיור

el lavabo

מברשת

el cepillo

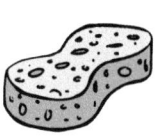

ספוג

la esponja

בלנדר

la batidora

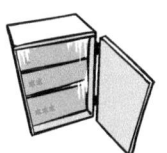

מקפיא

el congelador

בקבוק לתינוק

el biberón

ברז

el grifo

חדר אמבטיה

el cuarto de baño

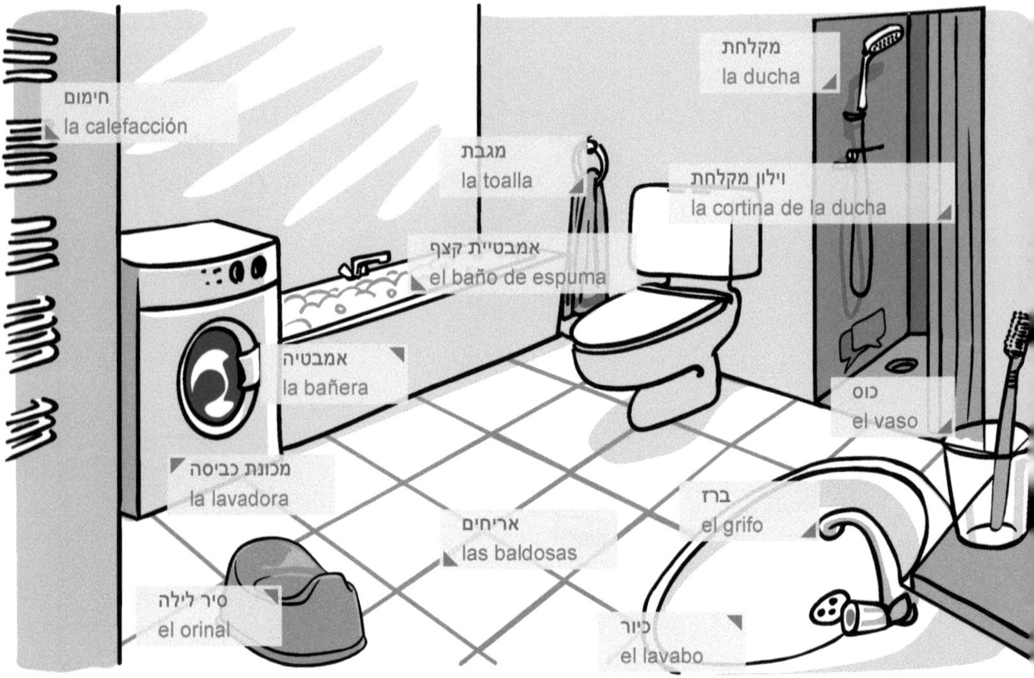

מקלחת
la ducha
חימום
la calefacción
מגבת
la toalla
וילון מקלחת
la cortina de la ducha
אמבטיית קצף
el baño de espuma
אמבטיה
la bañera
כוס
el vaso
מכונת כביסה
la lavadora
ברז
el grifo
אריחים
las baldosas
סיר לילה
el orinal
כיור
el lavabo

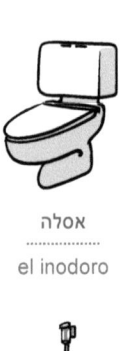

אסלה
el inodoro

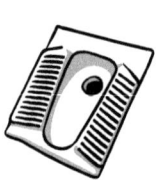

אסלת כריעה
el inodoro rústico

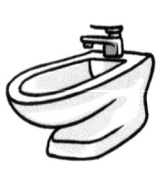

בידה
el bidé

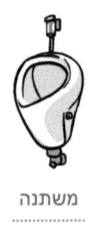

משתנה
el urinario

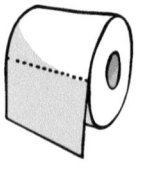

נייר טואלט
el papel higiénico

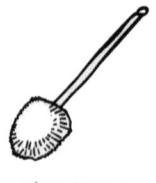

מברשת אסלה
la escobilla del váter

מברשת שיניים
el cepillo de dientes

משחת שיניים
la pasta de dientes

חוט דנטלי
el hilo dental

שטף
lavar

מקלחת יד
la ducha de mano

צינור שטיפה לשירותים
la ducha íntima

קערת רחצה
la pila

מברשת גב
el cepillo de espalda

סבון
el jabón

ג'ל רחצה
el gel de ducha

שמפו
el champú

ליפה
la toallita

ניקוז
el desagüe

קרם
la crema

דיאודורנט
el desodorante

מראה

el espejo

מראת יד

el espejo de tocador

סכין גילוח

la maquinilla de afeitar

קצף גילוח

la espuma de afeitar

אפטרשייב

la loción postafeitado

מסרק

el peine

מברשת

el cepillo

מייבש שיעור

el secador

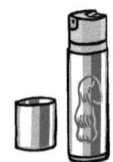

ספריי לשיער

la laca

איפור

el maquillaje

שפתון

el pintalabios

לק

el pintauñas

צמר גפן

el algodón

מספריים לציפורניים

el cortauñas

בושם

el perfume

תיק כלי רחצה
el estuche de viaje

שרפרף
la banqueta

משקל
la balanza

חלוק רחצה
el albornoz

כפפות גומי
los guantes de goma

טמפון
el tampón

תחבושת סניטרית
la compresa

שירותים כימיקליים
el inodoro químico

חדר ילדים
la habitación de los niños

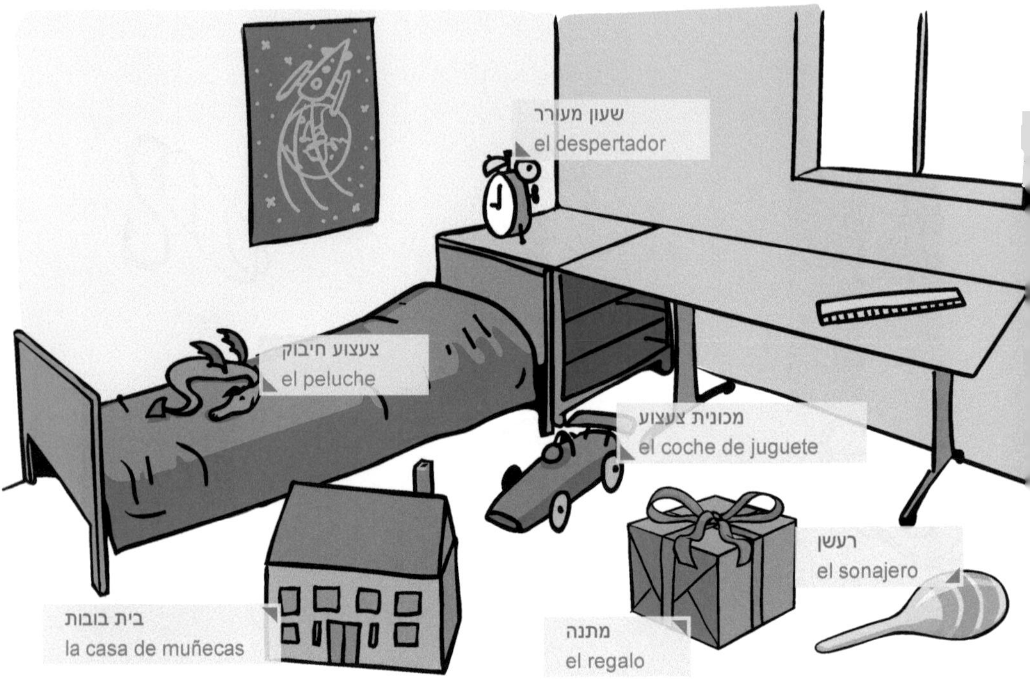

שעון מעורר
el despertador
צעצוע חיבוק
el peluche
מכונית צעצוע
el coche de juguete
רעשן
el sonajero
בית בובות
la casa de muñecas
מתנה
el regalo

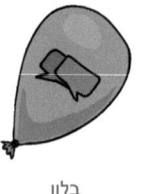

בלון
el globo

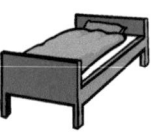

מיטה
la cama

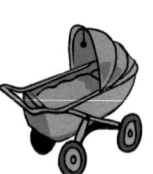

עגלה
el coche de niño

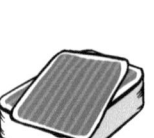

משחק קלפים
los naipes

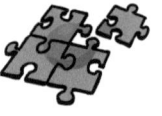

פאזל
el puzle

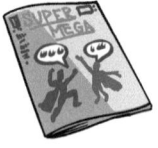

קומיקס
el tebeo

לגו
las piezas de lego

קוביות משחק
los bloques de juguete

דמות משחק
la figura de acción

סרבל תינוקות
el bodi (de bebé)

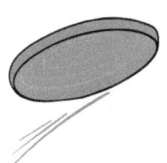

פריזבי
el frisbee

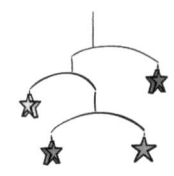

נייד
el colgador móvil para
bebés

משחק לוח
el juego de mesa

קוביה
los dados

רכבת צעצוע
el circuito de tren eléctrico

מוצץ
el maniquí

מסיבה
la fiesta

אלבום תמונות
el álbum de fotos

כדור
la pelota

בובה
la muñeca

שיחק
jugar

ארגז חול

el cajón de arena

נדנדה

el columpio

צעצועים

los juguetes

קונסולת משחקים

la videoconsola

אופניים תלת גלגלי

el triciclo

דובון

el oso de peluche

ארון בגדים

la guardarropa

בגדים

la ropa

גרביים

los calcetines

גרביונים

las medias

גרביון

los leotardos

צעיף
la bufanda

מטריה
el paraguas

חולצת טי
la camiseta

חגורה
el cinturón

מגפיים
las botas

נעלי בית
las zapatillas

נעלי ספורט
las deportivas

סנדלים
las sandalias

נעליים
los zapatos

מגפי גומי
las botas de goma

תחתונים
el slip

חזייה
el sostén

וסט
el chaleco

גוף

el bodi

מכנסיים

los pantalones cortos

ג'ינס

los vaqueros

חצאית

la falda

חולצה מכופתרת

la blusa

חולצה

la camisa

אפודה

el jersey

סוודר עם קפוצ'ון

el suéter

בלייזר

el blazer

ז'קט

la chaqueta

מעיל

el abrigo

מעיל גשם

la gabardina

תלבושת

el traje

שמלה

el vestido

שמלת כלה

el vestido de novia

חליפה

el traje

כותונת לילה

el camisón

פיג'מה

el pijama

סארי

el sati

מטפחת ראש

el bandana

טורבן

el turbante

בורקה

la burka

קאפטן

el caftán

עבאיה

la abaya

בגד ים

el traje de baño

בגד ים

el bañador

מכנסיים קצרים

los pantalones cortos

בגד אימון

el chándal

סינר

el delantal

כפפות

los guantes

כפתור
el botón

משקפיים
las gafas

צמיד יד
el brazalete

שרשרת
el collar

טבעת
el anillo

עגיל
el pendiente

כובע
la gorra

קולב
la percha

כובע
el sombrero

עניבה
la corbata

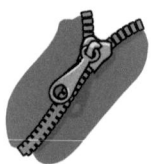

רוכסן
la cremallera

קסדה
el casco

כתפיות
los tirantes

תלבושת בית ספר
el uniforme

מדים
el uniforme

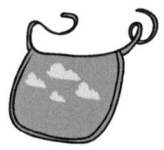

מפית אוכל

el babero

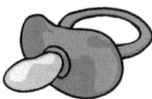

מוצץ

el maniquí

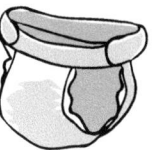

חיתול

el pañal

משרד
la oficina

שרת
el servidor
תיקייה
el archivo
מדפסת
la impresora
נייר
el papel
מסך
el monitor
עכבר
el ratón
שולחן עבודה
el escritoria
תיק
la carpeta
מקלדת
el teclado
סל נייר
la papelera
מחשב
el ordenador
כסא
la silla

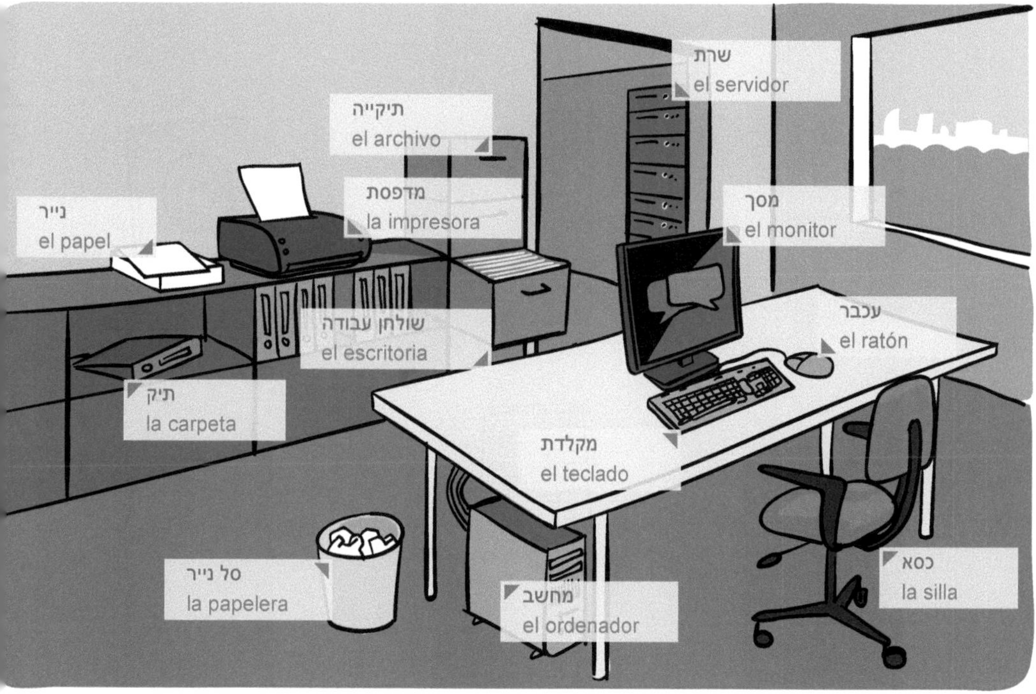

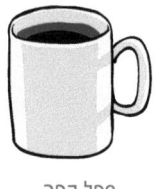

ספל קפה

la taza de café

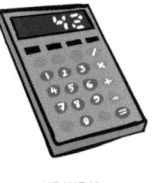

מחשבון

la calculadora

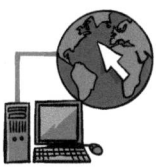

אינטרנט

el internet

מחשב נייד

el portátil

מכתב

la carta

הודעה

el mensaje

נייד

el móvil

רשת

la red

מכונת צילום

la fotocopiadora

תוכנה

el software

טלפון

el teléfono

שקע

la toma de corriente

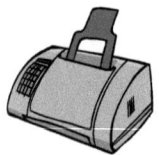

פקס

el fax

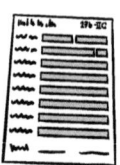

טופס

el formulario

מסמך

el documento

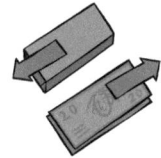

קנה

comprar

שילם

pagar

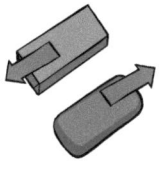

סחר

comerciar

כסף

el dinero

דולר

el dólar

יורו

el euro

ין

el yen

רובל

el rublo

פרנק שווייצרי

el franco suizo

יואן רנמינבי

el renminbi yuan

רופי

la rupia

כספומט

el cajero automático

המרת מטבע

la oficina de cambio de divisas

זהב

el oro

כסף

la plata

נפט

el petróleo

אנרגיה

la energía

מחיר

el precio

חוזה

el contrato

מס

el impuesto

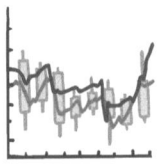

מנייה

la acción

עבד

trabajar

עובד

el empleador

מעסיק

el empleador

מפעל

la fábrica

חנות

la tienda de campaña

מקצועות
los oficios

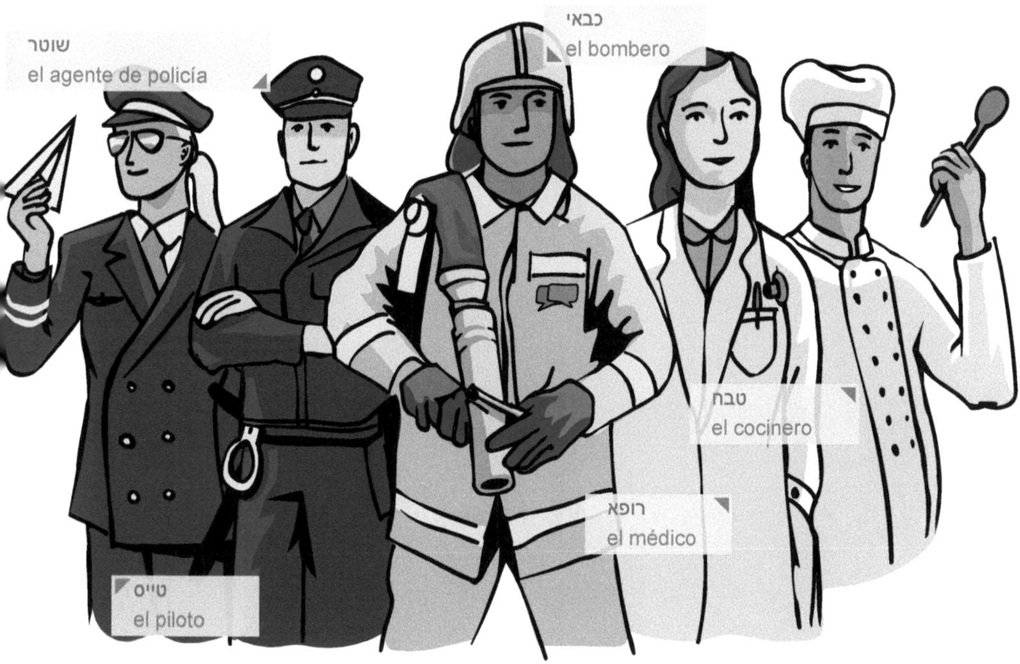

שוטר
el agente de policía
כבאי
el bombero
טבח
el cocinero
רופא
el médico
טייס
el piloto

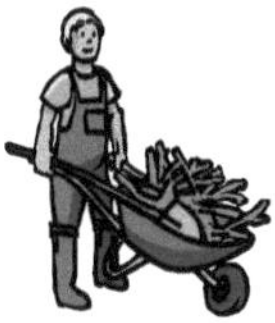

גנן

el jardinero

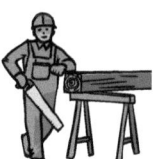

נגר

el carpintero

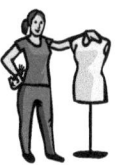

תופרת

la costurera

שופט

el juez

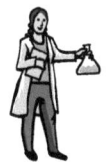

כימאי

el farmacéutico

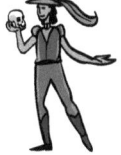

שחקן

el actor

נהג אוטובוס

el conductor de autobús

נהג מונית

el taxista

דייג

el pescador

עובדת נקיון

la señora de la limpieza

מתקן גגות

el techador

מלצר

el camarero

צייד

el cazador

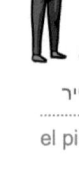

צייר

el pintor

אופה

el panadero

חשמלאי

el electricista

עובד בניין

el obrero

מהנדס

el ingeniero

קצב

el carnicero

אינסטלטור

el fontanero

דוור

el cartero

חייל

el soldado

אדריכל

el arquitecto

קופאי

el cajero

מוכר פרחים

el florista

ספר

el peluquero

כרטיסן

el revisor

מכונאי

el mecánico

קברניט

el capitán

רופא שיניים

el dentista

מדען

el científico

רב

el rabino

אימאם

el imán

נזיר

el monje

כומר

el sacerdote

כלי עבודה
las herramientas

פטיש
el martillo
צבת
los alicates
מברג
el destornillador
פנס
la linterna
מפתח ברגים
la llave

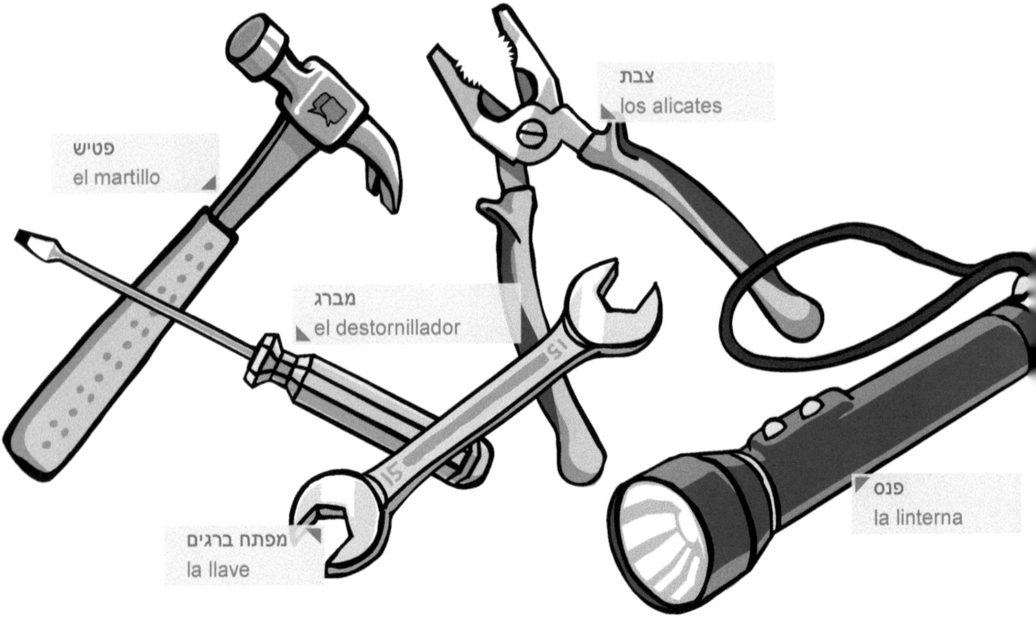

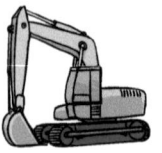

דחפור

la excavadora

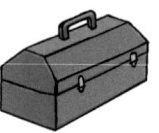

ארגז כלים

la caja de herramientas

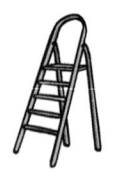

סולם

la escalera de mano

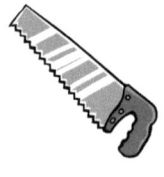

מסור

la sierra

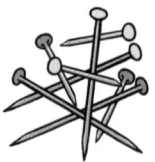

מסמרים

los clavos

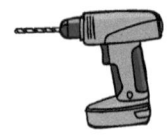

מקדחה

el taladro

תיקן
reparar

את חפירה
la pala

לעזאזל!
¡Maldita sea!

יעה
el recogedor

פח צבע
el bote de pintura

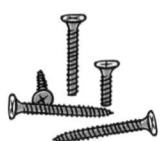

ברגים
los tornillos

כלי נגינה
los instrumentos musicales

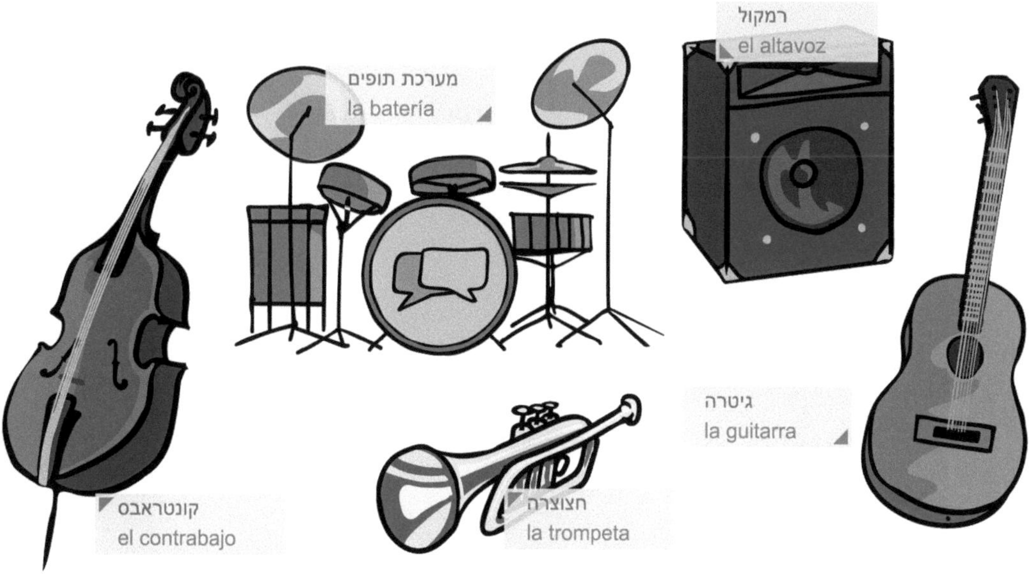

מערכת תופים
la batería

רמקול
el altavoz

גיטרה
la guitarra

קונטראבס
el contrabajo

חצוצרה
la trompeta

פסנתר

el piano

כינור

el violín

בס

bajo

תוף הדוד

los timbales

תופים

el tambor

מקלדת פסנתר

el teclado

סקסופון

el saxofón

חליל

la flauta

מיקרופון

el micrófono

גן חיות

el zoo

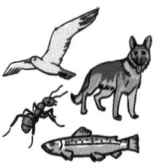

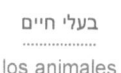

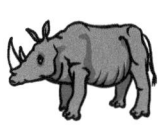

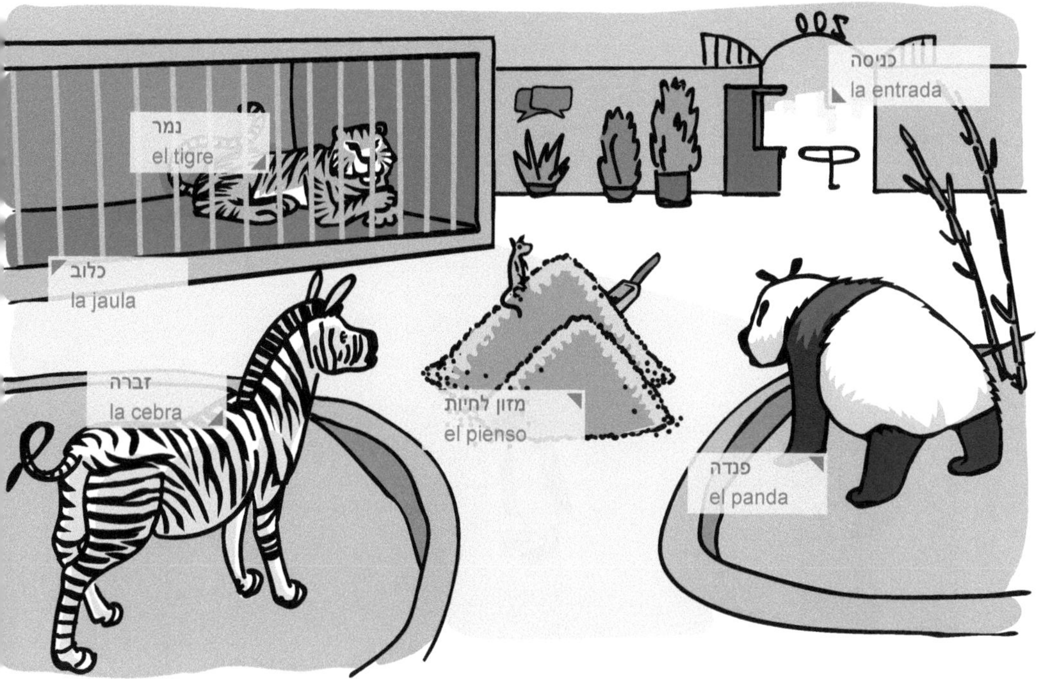

נמר
el tigre
כלוב
la jaula
זברה
la cebra
מזון לחיות
el pienso
כניסה
la entrada
פנדה
el panda

בעלי חיים

los animales

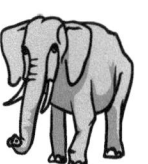

פיל

el elefante

קנגרו

el canguro

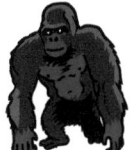

קרנף

el rinoceronte

גורילה

el gorila

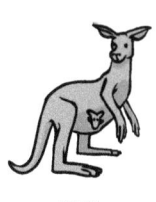

דוב

el oso

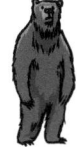

גמל

el camello

יען

el avestruz

אריה

el león

קוף

el mono

פלמינגו

el flamingo

תוכי

el loro

דוב הקרח

el oso polar

פינגווין

el pingüino

כריש

el tiburón

טווס

el pavo real

נחש

la serpiente

תנין

el cocodrilo

שומר גן החיות

el guardián de zoológico

כלב ים

la foca

יגואר

el jaguar

סוס פוני

el poni

לאופרד

el leopardo

היפופוטאם

el hipopótamo

ג'ירפה

la jirafa

נשר

el águila

חזיר בר

el jabalí

דג

el pescado

צב

la tortuga

סוס ים

la morsa

שועל

el zorro

איילה

la gacela

פוטבול אמריקאי
el fútbol americano

רכיבת אופניים
el ciclismo

טניס
el tenis

כדורסל
el baloncesto

שחיה
la natación

אגרוף
el boxeo

הוקי
el hockey sobre hielo

כדורגל
el fútbol

בדמינטון
el bádminton

אתלטיקה
el atletismo

כדור-יד
el balonmano

עשה סקי
el esquí

פולו
el polo

קפץ
saltar

חיבק
abrazar

צחק
reír

הלך
caminar

שר
cantar

התפלל
rezar

נשק
besar

חלם
soñar

כתב	צייר	הראה
escribir	dibujar	mostrar

דחף	נתן	לקח
empujar	dar	tomar

יש / להיות הבעלים

tener

עשה

hacer

היה

ser

עמד

estar de pie

רץ

correr

משך

tirar

זרק

tirar

נפל

caer

שכב

yacer

חיכה

esperar

סחב

llevar

ישב

estar sentado

התלבש

vestirse

ישן

dormir

התעורר

despertar

הסתכל ב-

mirar

בכה

llorar

ליטף

acariciar

סירק

peinar

דיבר

hablar

הבין

entender

שאל

preguntar

שמע

escuchar

שתה

beber

אכל

comer

סידר

ordenar

אהב

amar

בישל

cocinar

נהג

conducir

עף

volar

שט

navegar

חישב

calcular

קרא

leer

למד

aprender

עבד

trabajar

התחתן

casarse

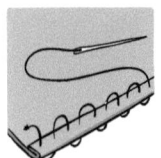

תפר

coser

ציחצח שיניים

cepillarse los dientes

הרג

matar

עישן

fumar

שלח

enviar

משפחה
la familia

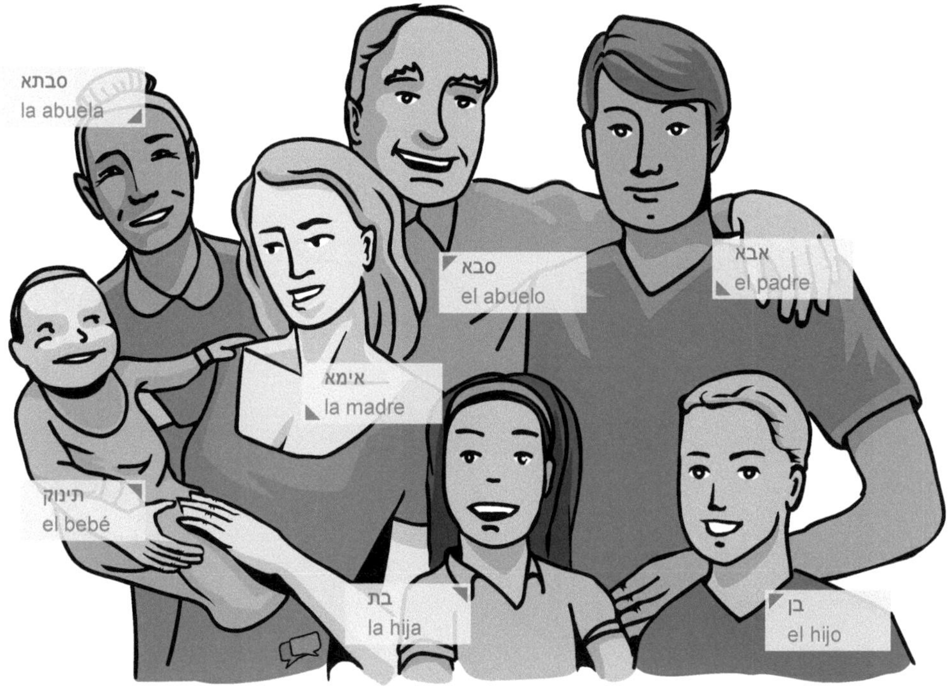
סבתא
la abuela
סבא
el abuelo
אבא
el padre
אימא
la madre
תינוק
el bebé
בת
la hija
בן
el hijo

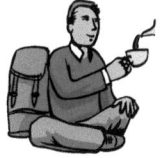

אורח

el invitado

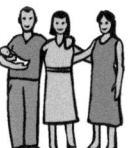

דודה

la tía

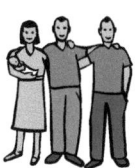

דוד

el tío

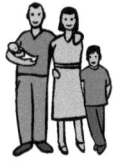

אח

el hermano

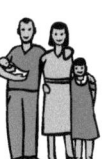

אחות

la hermana

גוף
el cuerpo

מצח
la frente
עין
el ojo
כתף
el hombro
אצבע
el dedo
פנים
la cara
סנטר
la barbilla
כף יד
la mano
רגל
la pierna
חזה
el pecho
זרוע
el brazo

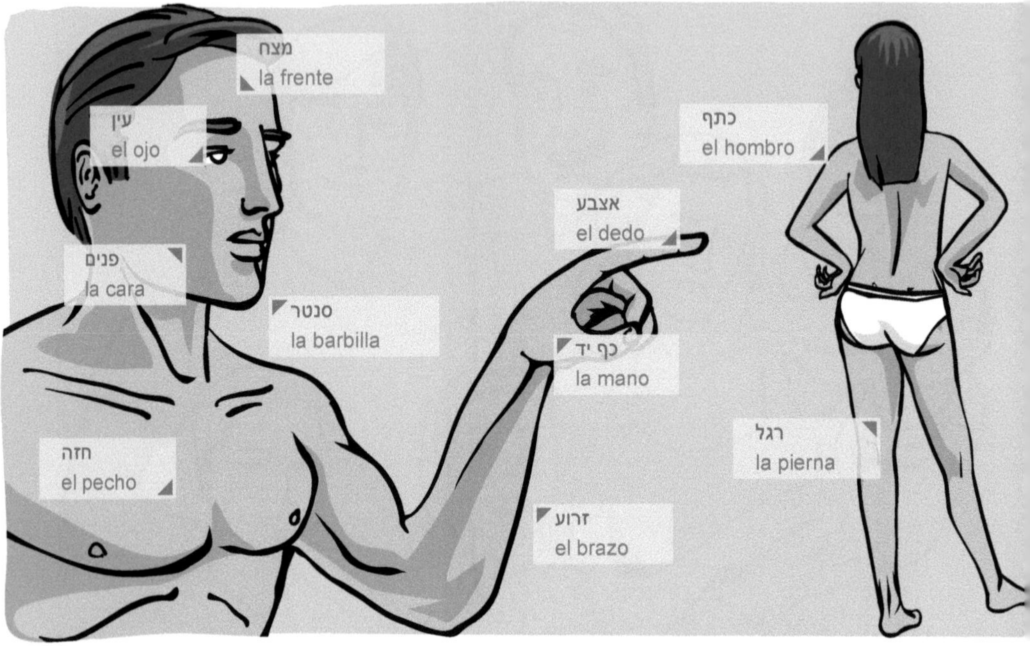

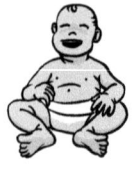

תינוק

el bebé

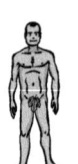

איש

el hombre

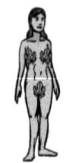

אישה

la mujer

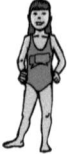

ילדה

la chica

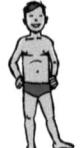

ילד

el chico

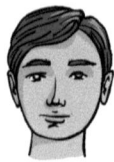

ראש

la cabeza

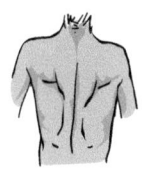

גב

la espalda

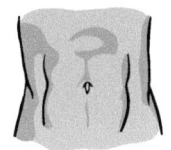

בטן

el vientre

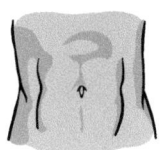

טבור

el ombligo

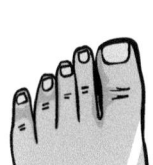

אצבע

el dedo del pie

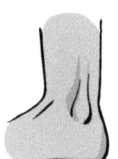

עקב

el talón

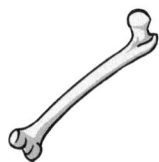

עצם

el hueso

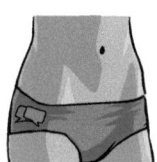

ירך

la cadera

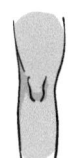

ברך

la rodilla

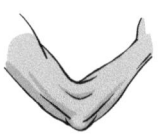

מרפק

el codo

אף

la nariz

עכוז

el trasero

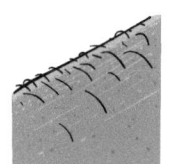

עור

la piel

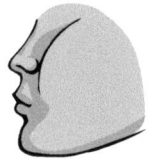

לחי

la mejilla

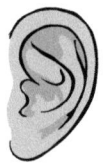

אוזן

el oído

שפתיים

el labio

פה
....
la boca

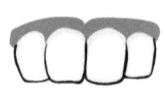

שֵׁן
....
el diente

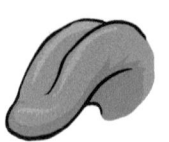

לָשׁוֹן
....
la lengua

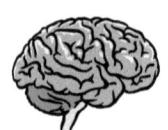

מוֹחַ
....
el cerebro

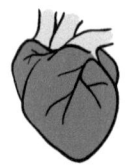

לֵב
....
el corazón

שְׁרִיר
....
el músculo

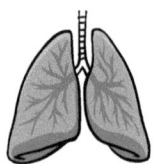

רֵיאָה
....
el pulmón

כָּבֵד
....
el hígado

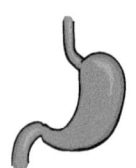

קֵיבָה
....
el estómago

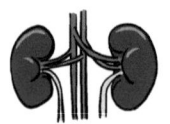

כְּלָיוֹת
....
los riñones

מִין
....
el sexo

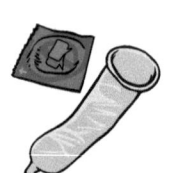

קוֹנְדוֹם
....
el condón

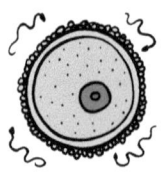

בֵּיצִית
....
el ovario

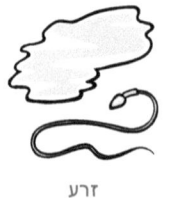

זֶרַע
....
el semen

הֵרָיוֹן
....
el embarazo

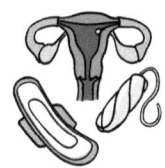

וסת

la menstruación

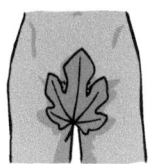

נרתיק

la vagina

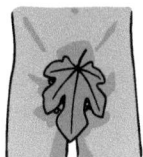

פין

el pene

גבה

la ceja

שיער

el pelo

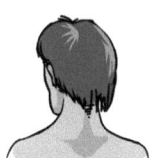

צוואר

el cuello

בית חולים
el hospital

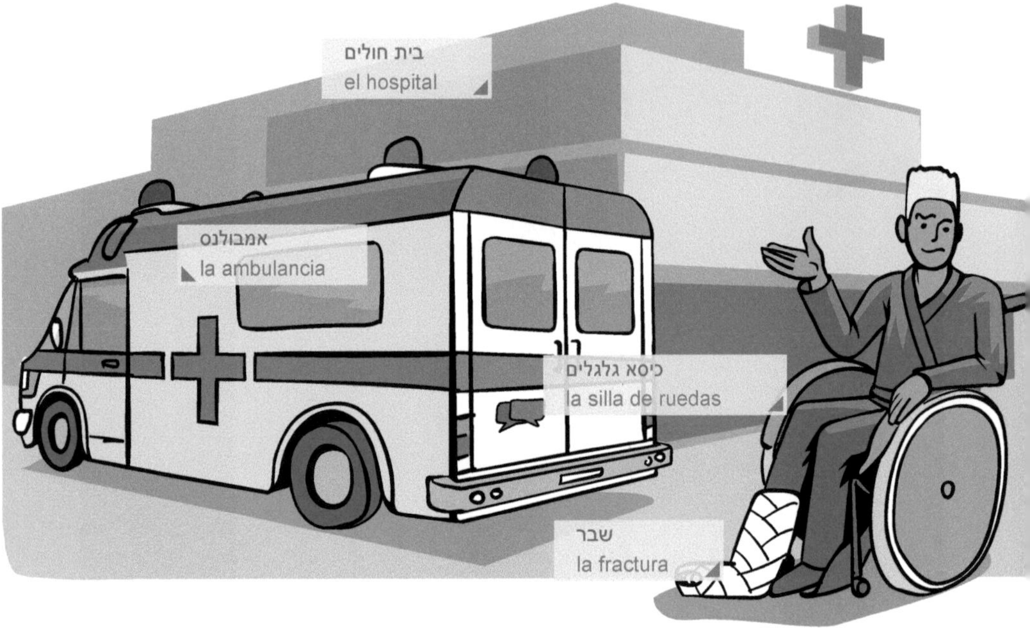

בית חולים
el hospital
אמבולנס
la ambulancia
כיסא גלגלים
la silla de ruedas
שבר
la fractura

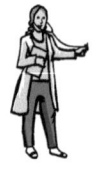

רופא

el médico

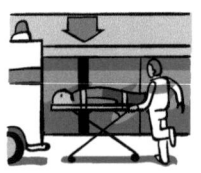

חדר מיון

la sala de urgencias

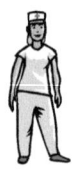

אחות

la enfermera

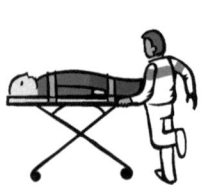

חירום

la urgencia

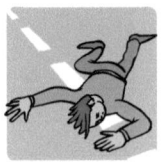

חסר הכרה

inconsciente

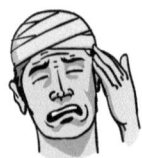

כאב

el dolor

פציעה
la lesión

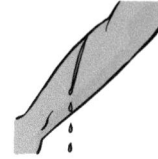

דימום
la hemorragia

התקף לב
el infarto

שבץ
el ictus

אלרגיה
la alergia

שיעול
la tos

חום
la fiebre

שפעת
la gripe

שלשול
la diarrea

כאב ראש
el dolor de cabeza

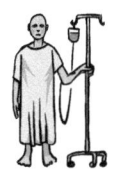

סרטן
el cáncer

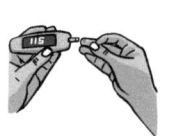

סוכרת
la diabetes

מנתח
el cirujano

אזמל
el bisturí

ניתוח
la operación

סי-טי

TAC

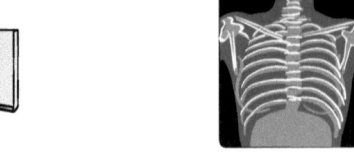

רנטגן

los rayos x

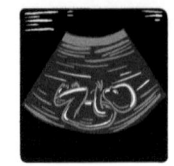

אולטרסאונד

el ultrasonido

מסיכת פנים

la mascarilla

מחלה

la enfermedad

חדר המתנה

la sala de espera

קבה

la muleta

פלסטר

la tirita

תחבושת

la venda

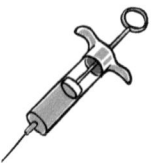

זריקה

la inyección

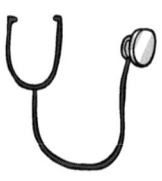

סטטוסקופ

el estetoscopio

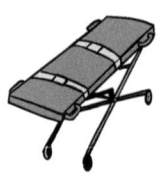

אלונקה

la camilla

מד חום

el termómetro

לידה

el nacimiento

עודף משקל

el sobrepeso

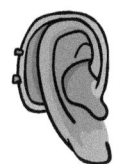

מכשיר שמיעה

el audífono

מחטא

el desinfectante

זיהום

la infección

נגיף

el virus

איידס

VIH / SIDA

תרופה

la medicina

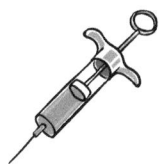

חיסון

la vacunación

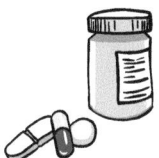

טבליות

las tabletas

גלולה

la pastilla

קריאת חירום

la llamada de urgencia

מד לחץ דם

el tensiómetro

חולה / בריא

enfermo / sano

הצילו!

¡Socorro!

אזעקה

la alarma

פשיטה

el asalto

תקיפה

el ataque

סכנה

el peligro

יציאת חירום

la salida de emergencia

אש!

¡Fuego!

מטף כיבוי

el extintor de incendios

תאונה

el accidente

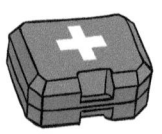

ערכת עזרה ראשונה

el botiquín de primeros auxilios

הצילו!

SOS

משטרה

la policía

אירופה

Europa

צפון אמריקה

Norteamérica

דרום אמריקה

Sudamérica

אפריקה

África

אסיה

Asia

אוסטרליה

Australia

האוקיינוס האטלנטי

el atlántico

האוקיינוס השקט

el Pacífico

האוקיינוס ההודי

el Océano Índico

האוקיינוס האנטרקטי

el Océano Antártico

האוקיינוס הארקטי

el Océano Ártico

הקוטב הצפוני

el polo norte

הקוטב הדרומי

el polo sur

אנטארקטיקה

La Antártida

כדור הארץ

la tierra

אדמה

la tierra

ים

el mar

אי

la isla

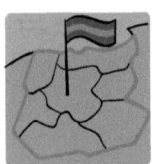

לאום

la nación

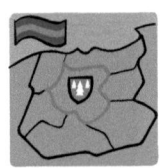

מדינה

el estado

פני השעון

la esfera

מחוג השעות

la manecilla de las horas

מחוג הדקות

el minutero

מחוג השניות

el segundero

מה השעה?

¿Qué hora es?

יום

el día

זמן

el tiempo

עכשיו

ahora

שעון דיגיטלי

el reloj digital

דקה

el minuto

שעה

la hora

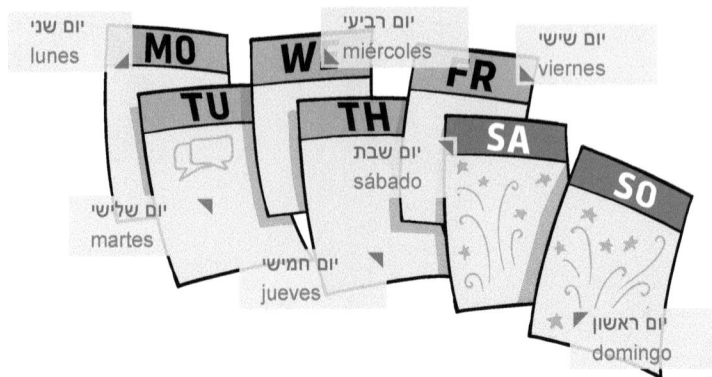

יום שני
lunes

יום רביעי
miércoles

יום שישי
viernes

יום שלישי
martes

יום שבת
sábado

יום חמישי
jueves

יום ראשון
domingo

אתמול

ayer

היום

hoy

מחר

mañana

בוקר

la mañana

צהריים

el mediodía

ערב

la tarde

ימי עבודה

los días laborables

סוף שבוע

el fin de semana

שנה
el año

גשם
la lluvia
קשת בענן
el arcoíris
שלג
la nieve
רוח
el viento
אביב
la primavera
סתיו
el otoño
קיץ
el verano
חורף
el invierno

4.APRIL 11°
5.APRIL 4°
6.APRIL 13°
7.APRIL 8°
8.APRIL 10°

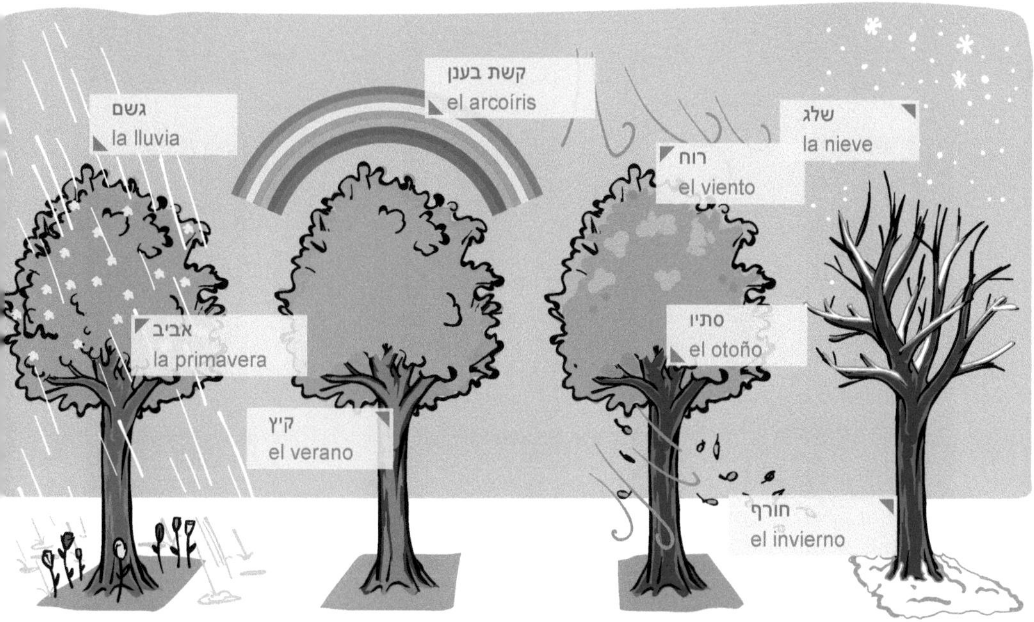

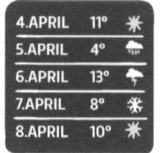

תחזית מזג האוויר
el pronóstico del tiempo

F
C
120
90
60
30
0
-30
40
30
20
10
0
-10
-20

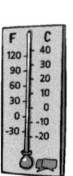

מד חום
el termómetro

אור שמש
el sol

ענן
la nube

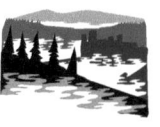

ערפל
la niebla

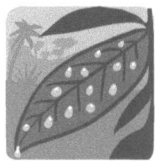

לחות
la humedad

ברק

el rayo

רעם

el trueno

סערה

la tormenta

ברד

el granizo

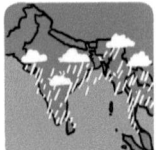

רוח עונתי

el monzón

שיטפון

la inundación

קרח

el hielo

ינואר

enero

פברואר

febrero

מרץ

marzo

אפריל

abril

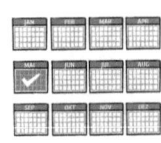

מאי

mayo

יוני

junio

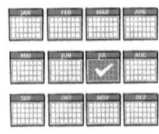

יולי

julio

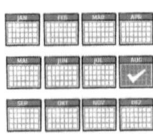

אוגוסט

agosto

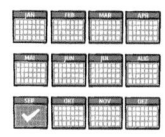

ספטמבר

septiembre

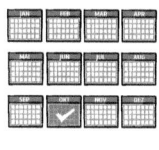

אוקטובר

octubre

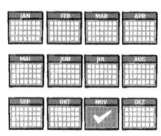

נובמבר

noviembre

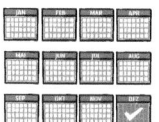

דצמבר

diciembre

צורות

las formas

עיגול

el círculo

מרובע

el cuadrado

מלבן

el rectángulo

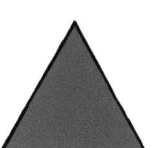

משולש

el triángulo

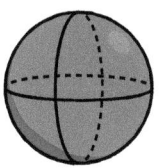

כדור

la esfera

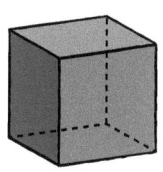

קובייה

el cubo

לבן

blanco

צהוב

amarillo

כתום

anaranjado

ורוד

rosa

אדום

rojo

סגול

morado

כחול

azul

ירוק

verde

חום

marrón

אפור

gris

שחור

negro

הרבה / מעט

mucho / poco

כועס / רגוע

enojado / tranquilo

יפה / מכוער

bonito / feo

התחלה / סוף

principio / fin

גדול / קטן

grande / pequeño

בהיר / כהה

claro / oscuro

אח / אחות

el hermano / la hermana

נקי / מלוכלך

limpio / sucio

שלם / חלקי

completo / incompleto

יום /לילה

el día / la noche

מת / חי

muerto / vivo

רחב / צר

ancho / estrecho

אכיל / לא אכיל

comestible / no comestible

רשע / טוב לב

malo / amable

מתרגש / משועמם

entusiasmado / aburrido

שמן / רזה

gordo / delgado

ראשון / אחרון

primero / último

חבר / אויב

el amigo / el enemigo

מלא / ריק

lleno / vacío

קשה / רך

duro / blando

כבד / קל

pesado / ligero

רעב / צמא

el hambre / la sed

חולה / בריא

enfermo / sano

בלתי-חוקי / חוקי

ilegal / legal

נבון / טיפש

inteligente / tonto

שמאל / ימין

izquierda / derecha

קרוב / רחוק

cerca / lejos

חדש / משומש

nuevo / usado

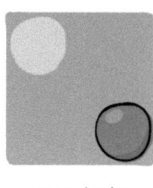

כלום / משהו

nada / algo

זקן / צעיר

viejo / joven

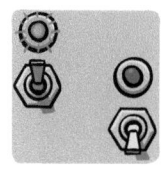

פעיל / כבוי

encendido / apagado

פתוח / סגור

abierto / cerrado

שקט / רועש

silencioso / ruidoso

עשיר / עני

rico / pobre

נכון / שגוי

correcto / incorrecto

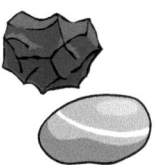

מחוספס / חלק

áspero / suave

עצוב / שמח

triste / contento

קצר / ארוך

corto / largo

איטי / מהיר

lento / rápido

רטוב / יבש

húmedo / seco

חם / קר

cálido / frío

מלחמה / שלום

guerra / paz

los números

0	**1**	**2**
אפס	אחת	שתיים
cero	uno	dos
3	**4**	**5**
שלוש	ארבע	חמש
tres	cuatro	cinco
6	**7**	**8**
שש	שבע	שמונה
seis	siete	ocho
9	**10**	**11**
תשע	עשר	אחת-עשרה
nueve	diez	once

12

שתים-עשרה

doce

13

שלוש-עשרה

trece

14

ארבע-עשרה

catorce

15

חמש-עשרה

quince

16

שש-עשרה

dieciséis

17

שבע-עשרה

diecisiete

18

שמונה-עשרה

dieciocho

19

תשע-עשרה

diecinueve

20

עשרים

veinte

100

מאה

cien

1.000

אלף

mil

1.000.000

מיליון

el millón

אנגלית

el inglés

אנגלית אמריקאית

el inglés americano

סינית מנדרינית

el chino madarín

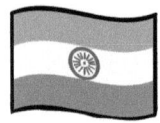

הודית

el hindi

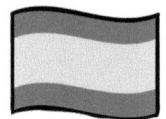

ספרדית

el español

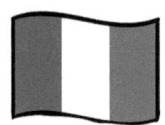

צרפתית

el francés

ערבית

el árabe

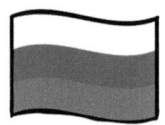

רוסית

el ruso

פורטוגזית

el portugués

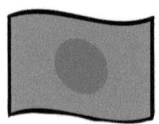

בנגלית

el bengalí

גרמנית

el alemán

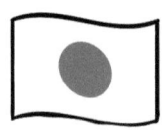

יפנית

el japonés

אני
yo

אתה / את
tú

הוא / היא / זה
él / ella / ello

אנחנו
nosotros/as

אתם
vosotros/as

הם
ellos/as

מי?
¿quién?

מה?
¿qué?

איך?
¿cómo?

איפה?
¿dónde?

מתי?
¿cuándo?

שם
el nombre

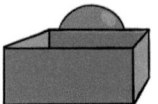

מאחור

detrás

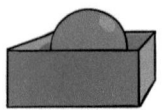

בתוך

en

לפני

delante de

מעל

por encima de

על

sobre

מתחת

debajo de

ליד

junto a

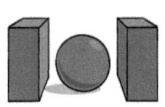

בין

entre

מקום

el lugar